탄수화물적 사랑

김미옥 시집

시인의 말

특별히 그리운 것이 없으니 시간이 천천히 흐르는 것 같다.
이것도 착각이려나?
내 느림을 지켜봐주는 이들에게 미안하다.

2021. 9月
김미옥

차 례

● 시인의 말

제1부

닭띠 여자 ——— 10
후 ——— 12
바닷가 리조트는 죽기에 갈매기들이 너무 시끄럽고 ——— 14
방아쇠 수지 증후군 ——— 16
몽상가 ——— 18
미스김 라일락 ——— 20
탄수화물적 사랑 ——— 22
68년생 ——— 24
FM ——— 26
패션 사이클 ——— 28
서머스쿨 ——— 30
홀로그램 애인 ——— 32
텍스트 기호 ——— 34
빌리 진 6번 트랙 ——— 36
론도 ——— 38
일요일의 제인 ——— 40
시론 ——— 42

제2부

소년 H ──── 46

방문객 ──── 47

화륵 ──── 48

엔딩 크레디트가 올라갈 때 ──── 50

자각몽 1 ──── 52

자각몽 2 ──── 54

로드숍을 사랑해 ──── 55

민지의 계획 ──── 56

검은 모눈종이의 시집 ──── 58

허당 ──── 60

하계연수 ──── 62

불편이라는 소울메이트 ──── 64

정치적인 아버지 ──── 66

회계원 1 ──── 68

회계원 2 ──── 70

키링 ──── 72

부상당한 천사 ──── 74

골목 성분 ─── 76

미골 ─── 78

이 도시를 떠날 수 없다 ─── 80

메트로 ─── 82

꺾어진 백조의 모가지에선 노래가 흘러나온다 ─── 84

제3부

하얀 시트 위의 바다 ─── 86

습습습 ─── 88

시간을 타는 구름 ─── 90

곡우 ─── 92

마사이워킹 ─── 93

화투 치는 여자들 ─── 94

검정 원피스 ─── 96

퇴근하는 소년 ─── 97

론리 나이트 ─── 98

수원행성반차도 ─── 100

능화리 ─── 102

나무들의 입학식 ──────── 104
레몬이 먹고 싶은 아이처럼 ──────── 106
나팔꽃 ──────── 108
도깨비풀 ──────── 110
흔한 낙타에 대한 ──────── 111
마리골드 ──────── 112

▨ 김미옥의 시세계 | 김지윤 ──────── 113

제1부

닭띠 여자

사랑은 항상 끝물 타고 왔다
망해가던 중국집 남자가 스무 살에 왔고
술 상무로 간이 부은 남자는 서른 초반에 왔다
봄 눈 오듯 아프게
여우비 내리듯 감질나게
짧고 묵직하게 가슴을 헤집고 떠났다
모두 망해 와서는 흥해서 갔다
주기를 다하면 별똥별처럼 소멸로 가는 사랑
새집 주면 헌 집 받는 여자
꿩 대신 닭 같은 인생이지만
자기가 꿩인 줄 모르는 여자
베인 흔적마다 피자두 같은 이력이 붙지만
전생에 나라 몇 개쯤 말아 먹었다 말하는
대책 없는 낭만
하지만 끝물로 오던 사랑도 잠정 폐업
고통과 뼈 대만 남은 횃대에 올라앉아 살찐 암탉처럼 웃고 있다
사람을 품을 때 얼마나 따뜻했는지
그 진심은 또 어찌나 눈물겨웠는지

먹고 사는 데 도움은 하나 안 됐지만

생의 부레가 부풀어 올랐던 기억만으로도 후회 없다는 여자

흔히 볼 수 있지만

눈여겨보지 않으면 절대 알 수 없는

후

근육이 육포처럼 굳어지도록
죽어라 우체통 앞에 앉아 있었습니다
탄산수에 깻잎 넣어 먹던 여름은 가고
붕어빵 꼬리부터 먹을지 머리부터 먹을지 고민하는
겨울이 오고야 말았습니다
나는 대체로 무사합니다
불행은 고작 나팔꽃처럼 자라
꼼짝달싹 못 하게 혀를 묶어버렸습니다
입술이여 산세베리아처럼 날카로워져라
이런 주문은 더 이상 유효하지 않습니다
태양을 보지 않았는데 뺨이 오렌지 같구나
이런 문자에 행복했던 시간도 끝났습니다
나는 무사하지 않습니다
당신 뒤꿈치에 박힌 굳은살을
이빨로 긁어 주고 싶은 날에는
맨발로 골목을 걷기도 했습니다
이런 게 사랑이 아니라면 미친 거겠지요
복숭아뼈에 날개가 돋아 날아갈지 모르고
곧추서서 환하게 웃는 사람을 바라만 봤으니

이런 죄를 당신의 행성에선 뭐라 부른답니까?
앞머리를 잡았어야 했는데 허리를 잡아
내 손을 빠르게 빠져나간
부드럽지만 강렬했던 푸른 도마뱀

바닷가 리조트는 죽기에 갈매기들이 너무 시끄럽고

하얀 리무진을 타고 바다에 간다
바닷새가 엉뚱한 골목에서 먹이를 찾는 걸 보면
내 간헐적 슬픔은 약발 잘 먹히는 아이 같다
얕은 잠을 자는 동안 브레멘 악대처럼 제각각 우는
마음들이 행을 지우고
희박하고 난해한 길을 더듬어 리조트로 간다

두고 온 얼굴들이 있다
밍키나 토토로 불리며 촉촉한 콧망울을 가진
희생당하기 위해 태어난 운명들

나만 붉은 카펫 위를 가볍게 걸어도 되는 걸까
소금 기둥으로 만든 이곳이 무너져 내리면 어떻게 하지
감옥이 그리운 죄수처럼
돌아보면 돌기둥으로 서 있는 건
엄마… 엄마
나는 착한 딸이에요
금방 집으로 돌아가진 않을 거예요

오렌지 껍질로 참회의 성을 쌓았다
사람들이 몰려와 담배를 그곳에 비벼 껐다
참담하게 밀려오는 파도에 모래성이 위태롭다

바닷가 리조트는 죽기에 갈매기들이 너무 시끄럽고
사람들은 웃고 있다

주섬주섬 바다를 접고 일어설 때
승강기는 수시로 리조트를 오르내린다
실패한 테러리스트처럼 조용히 복도를 걷자 불쾌해진
일몰이 시작되었다

방아쇠 수지 증후군

데이지꽃을 사랑했단 말은 유효합니까

손깍지 끼려는데 손가락이 부었다
커피믹스 봉지를 뜯을 때 사실적으로 오는 아픔
네발로 너의 가슴을 기어오르거나
스냅 사진을 찍을 때는 개운한

안개 꽃다발로 얻어맞은 가슴이
흰 빵처럼 부풀어 오른다
회전의자에 붉은 젤라틴의 심장을 누인다
손바닥 안으로 오후가 리듬을 타며 온다

종일 고양이 울음을 타전한 손가락을 씹는다
갑갑하고 쓸쓸했던 손가락의 히스토리들
눈물이 터지도록 와사삭 씹는다
문장의 힘을 믿는 데 오래 걸렸다

높게 걸린 시계를 보면

천 개의 땀구멍이 한꺼번에 열려 열이 난다
모래바람만 부는 나의 카테고리에서 느닷없이
연발 소총이 발사된다
펜촉 끝 졸음 가루 뿌리던 버마재비들
깜짝 날아오르고

몽상가

이렇게 재미없는 모임이면
혼자 클럽 가서 술 마시는 게 낫겠다
젊은 척하는 아저씨들과 대거리하며 버드나무처럼 몸도 흔들고
사실 나는 재미없는 사람
성마르게 사방으로 뻗친 엉겅퀴
포플러 나무가 되고 싶었어 바람에 까불대다 반짝이는 이파리
어쩌다 시인이 되어 25시 편의점 뒷골목
시인 지망생 너와 맞담배 피우고 있을까
하품 참느라 눈 부릅떠가며 지적질하고 있을까

달큰한 봄밤이야
예쁜 네가 정말 좋아
비밀의 방 열쇠 꾸러미를 손에 쥔 랭보 같아
아니야 아니야 너는 팔려 가는지 모르고 큼큼대는 망아지야
목줄 없이 늦은 밤까지 뛰어다니며
왜 우는지도 모르는

신도림이나 구로 어디쯤 동인천 급행으로 환승해야 해
신세계와 행복 빌라 사이를 어찌 건너나
안개가 짙어지니 청동 그림자로 서 있는 사람들
무슨 아카데미 회원들처럼 단체로
엄숙 찬 얼굴들
그런데 뭐가 좋아 배시시 또 웃는 거니?
할 말 아까 다 했는데
볼 가득 빨간 자두를 품고선
오오오 마지막 지하철 들어온다

미스김 라일락

삼월에서 사월 사이 집중적으로 아파요
지하상가 입구에서 전단 돌릴 때
이마에 꽂히는 햇빛들
겨드랑이에 두 손 넣은 채 마시는 녹작지근한 공기
무관심한 선배들 심부름에도 창밖은 환하게 빛나요
휴일이면 해동된 채 잠만 자요
일억 년 후 깨어났는데
구석기 여인이 되어 있다면
산뜻한데 우울한 기분이 이런 걸까
월급이 제일 적은 내게
경리계장은 십 원짜리까지 철두철미했고요
그 아저씨 도박으로 횡령사고 냈을 땐
내 심장이 더 쫄깃했어요
바람이 확 구부러졌다가 매섭게 감기는 날
개나리 한 아름 화병에 꽂아두고
쓸모없어진 단백질처럼 웃었어요
어릴 때 기억은 중국집 간판처럼 희미하지만
교문 앞 할머니가 팔던 병아리
죽기 살기로 울어대던 주둥이들은 잊히지 않아요

삼사일 못 견디고 기어이 죽어 버린 연골들
최초의 무덤이 고양이들로 파헤쳐지고
며칠 앓아누웠던 매캐한 봄
나만 아는 이 부조리들
어떻게 고백할까요?
스물 하고도 셋이나 먹었는데
봄은 아직도 서먹하기만 해요

탄수화물적 사랑

사람에게 필요한 3대 영양소는 단탄지
시험에 잘 나오니까 꼭 암기하도록
풍만한 가정 샘은 침 튀기며 말했지
단백질 · 탄수화물 · 지방
입에 착착 감기는 단탄지
사랑할 땐 세상은 적과 동지로 갈린다
먹이려는 자와 밥을 피해 달아나려는 자
나는 투사가 되어 조용히 밥을 날랐지
홍탁을 좋아하면 홍탁과
순댓국을 좋아하면 순댓국과
약한 비위가 견딜 수 있었던 건
그의 모든 냄새와 연대를 맺었기 때문
따뜻하게 올라와 나른하게 퍼지는 단탄지
몸 안 작은 발전소에선 매일 엔진이 돌았지

연대는 깨지기 위해 존재하는 것
단단했던 믿음이 사라지던 날
슬픔보다 먼저 오는 허기
식은 밥 물 말아 먹을 때

눈꺼풀이 떨리는 건 눈물 때문만은 아니었지
예의 없는 날들은 폭주족처럼 지나가고
같이 밥 먹던 사람은 금방 잊히기도 하지

어제는 타인이었는데 오늘은 불쑥
임연수 가시를 발라주는 당신
훅훅 올라오는 밥 냄새 빠르게 도는 침샘
연대의 시작이라 말해도 될까
중독성 강한 단탄지의 힘 다시 믿어도 될까

68년생

이봐, 센베이 과자 아직 좋아해?
응, 그건 취향의 문제야
예쁜 귤. 잘 골라주던 애인은 봄에 사라졌어

죽이고 싶은 것을 숨길 줄 아는 나이

무지개가 떴다고 누구나 볼 수 있는 건 아니었지
최루탄 가스는 엉뚱한 카타르시스를 분출시켰고
어린 가슴에 열꽃이 피기도 했어

그런데 나이키를 열망하고
핀컬 파마 한번 안 해본 애 있어?
스테이크 먹는 법을 책으로 배우고
벼락같은 사랑을 꿈꿨지만
부러진 라디오 안테나를 빨래집게로 고정시켰을 뿐
잘못한 거 없잖아

광장엔 투구와 방패가 일렬종대 하던 지극히 난폭한 시절
우리가 함께 있으면 밤조차 좋은데

무슨 반성을 자꾸 하라고 해

혼돈을 알리는 벨 소리 울리면
혼종인 우리는 깔깔깔 웃으며 걸어 나왔잖아
암기장에 적어둔 혁명이란 단어는 여전히 아름답지
변하지 않은 것은 이것뿐이야
시청에서 광장까지 발 구르며 걷자
그때처럼
우린 불발탄이 아니잖아

FM

살이 쪄 연애가 떠난 걸까
연애가 떠나 살이 찐 걸까
거북스레 부푼 몸에 덮개 쌓인 연애의 여운
함께한 밤들은 얼음성에 박제되었고
연애 스위치는 꼬마전구처럼 반짝이지만

가난해 사랑이 떠난 걸까
사랑이 떠나 가난한 걸까
사랑은 밥이 안 된다고
진담 같은 농담을 했지만
혀에 맴도는 마라탕 맛 여운을 어쩌지

거미줄 쳐진 내 심장에 갈라진 상처마다 소금물 흐르고
땡볕 아래 몸부림치다 말라 죽는 지렁이처럼
모든 그악스러운 것을 품은
신물 똥물 토해내고도 다시 마시는
압생트나 보드카 같은

잘 익은 포도주 통 같은 양희은을 듣는다

포도주도 아닌 포도주 통

너무 서러워

완만하고 부드러운 멜로디

기승전결 미지근한 내력을 가졌다

팡팡 터지는 기포 대신

거부해도 기어이 비집고 들어오는 사랑 대신

높디높은 고독의 밀도를 가졌다

잡히지 않는 주파수를 창살 아래 세우고

패션 사이클

잊었던 아이가 다시 찾아왔지
7번째 휴식이자 7번째 죽음
언제 떠났는지는 중요하지 않아
백 년 후에나 돌아온다던 아이는
어젯밤 내 가슴에 얼굴을 묻고 울었어

내 땀구멍에 한 땀 한 땀 입 맞추는 아이야
바람 불지 않는 검은 숲에서 술래잡기하자
누구라도 부러워할 스카잔*을 사줄게
걸을 때마다 엉덩이 위에서 팔색조가 날갯짓하고
장미와 뱀이 사이좋게 똬리를 틀고 있는
샴쌍둥이처럼 누워 밤새 지네의 발가락을 셀 거야
새끼 양의 혀보다 보드라운 입술을 가진 아이는
아침이면 골목 끝 집으로 돌아갈 테지만

분주히 가방을 싸서 뒤쫓아 갈 테야
부끄러움 없이 너의 뒤태를 찬양할 거야
백일홍 꽃대로 만든 칼로 소매에 이름을 새겨 줄 테니 절대 잊지 마

기대에 찬 동그란 눈을 가진 너는

새틴처럼 연약하고

금방이라도 올이 풀릴 것 같은

새로운 아이야

* 스카잔 : 광택 있는 원단에 용, 새, 꽃, 나비 등을 수놓은 상의.

서머스쿨

콧등의 주름을 최대한 모으며 말해요

그날을 기억해요?

도서관 화단 앞에서 만났잖아요
천천히 말라 가던 칸나 잎이 땅에 떨어질 때
양장본 바이런 시집을 반반씩 나눠 가졌잖아요
동백 씨앗 같은 젖 몽우리를 만지며
눈물에게 말 건네는 법을 배웠잖아요
풀숲 사이를 헤매는 붉은 무당벌레에게 길 내주는 법을 배우고
가지런한 옥수수 알처럼 살지 못할 거란 예감에
잇몸이 아팠잖아요
사마귀가 얇은 날개를 펴 말리는 오후
귀여운 구관조 피핀을 묻어줄 때
우리들 하얀 양말에 흙물이 들어요
딱따구리 마요네즈 송*을 마지막으로 부르면 여름은 끝나죠
우리를 위한 프라이드치킨은 누군가 다 먹었을까요

소란스러웠을 부리와 발톱만 남긴 채
그늘막 속 어른들은 꽃잎을 한입씩 베어 물고
기름기 흐르는 얼굴로 손나팔을 불어요

휘어진 개미허리 위로 후두둑 소나기 내리던

그날을 기억해요?

아이들이 커다란 애드벌룬을 굴리며
붉은 트랙 위를 달려오던

* 딱따구리 마요네즈 송 : 고무줄놀이할 때 부르는 노래.

홀로그램 애인

톡, 톡 헤어지자는 문자 받은 날
홀로, 홀로 베란다에서
마요네즈와 캡사이신을 섞어 오징어를 씹어봤어요
이것을 혀와 돌기의 다중 대화라 불러도 될까요?
가시 돋은 눈물이 따끔하게 차오르네요
이것을 감각의 멀티플레이라 말해도 될까요?
올겨울 유행은 오버사이즈의 헤링본 코트
아직 입어 본 적 없어요
심장과 코트 사이 따뜻했던 손은 사라졌어요
야무진 입술로 이별을 말할 수 있지만
우린 만날 일 없을 거예요
차가운 눈빛은 동공을 통과하지 못하고
굴절되어 방구석에서 베란다로 퍼져나갔어요
몰디브 산 열대어가 헤엄치는
컴퓨터 LED 화면 속
잔영으로 남은 홀로그램 애인
내 눈은 3D 입체 화면에 익숙해져 있어요
스톤 피어싱을 한 귓불은 고통스럽지 않아요
오직 정직한 건

배 속에서 붉은 피톨까지 쓰라린 캡사이신
홀로, 홀로 담배 한 모금 빨아들일 때
푸릇푸릇 살갗에
새로운 홀로그램이 반짝이고 있어요

텍스트 기호

경멸이란 단어가 머릿속에 기어 다닌다
토요일에는 광화문에 나가 뒤통수를 실컷 보고 왔다
블랙리스트에 이름은 없지만 인간은
'예'라고 말하면서 '아니오'를 떠올린다는 사실
늙고 살찐 문어 한 마리가 뱃속에서 느리게 웃는다

수백 개 침 핀이 꽂힌 침봉을 보면
철없단 말을 들었을 때랑 똑같이 눈이 아프다
모르는 척 직관만 남은 눈동자를 굴려
신서정주의자와 네오리얼리스트를 검색한다
그들은 수분을 교묘히 감춘 사막 선인장
어떤 좌표에선 기괴한 물음표와 낯선 밝음이 만난다
천장을 뚫고 우주로 날아갈 것 같은 새로운 유희
고양이 살인자에 대한 분노만 남은 나는 당해낼 수 없다

문장이 끝날 때마다 마침표를 찍는 시절이 왔다
한동안 유행할 것이며 나도 따라 할 것이다
특별히 쓰고 싶은 것은 없는데
정말 쓰고 싶은 거 하나

심연 속 나를 바라보는 불기둥
델 걸 알면서도 기어이 만져보는 발광

빌리 진 6번 트랙

큰아버지는 동생과 사촌들에게 가끔 개고기를 먹였다
뜨거운 살코기를 굵은 소금에 찍어 입안에 넣어주었다
먹지 않겠다고 떼를 쓸 땐 뺨을 때리기도 했다
컹컹 귓가가 울릴 정도로

옆집 남자는 갈색 나무통에 뱀을 키웠다
서로 물고 뒤엉켜 있던 뱀들
무료한 대낮 맨손으로 뱀 껍질을 벗길 때
사내들은 손뼉을 치고 계집애들은 비명을 질렀다
햇빛 속에서 까딱거리던 뱀 대가리
조각난 몸뚱이가 배 속에서 파닥거리는 거 같아 욕지기가 났다

고압선 지나는 송신소 들판에 들꽃 하나 피지 않았다
싸움닭 같은 아이들은 서로에게 뻑큐를 날리거나
마이클 잭슨 흉내를 내며 허리를 돌렸다
심장이 종이로 만들어져
분노와 흥겨움을 구분할 줄 모르는 나는

파닥거리다 소멸해가는 날이면
녹음해 놓은 빌리 진을 듣고 또 들었다

빌리 진 내 애인이 아니야
당신은 내 사랑이 아니야

그해 여름 어른이 되면 복수할 것들의 목록을 작성했다
가사는 모르지만 마이클은 잘 운다고 생각했다
그럴 때마다 흰 장갑이 어떤 목을 조르는 상상을 했다
뒤로뒤로 뒤로뒤로 문워크를 반복하며

론도

눈 녹은 운동장을 돈다
여자가 혓바닥을 늘어뜨린 개에게 끌려오며
안녕하세요
안녕하세요
살아 있으니 만나네요
다정하게 아는 척한다
건너편 배드민턴장에 남녀가 입맞춤한다
봄이 샛길로 온다
트랙을 돌며 3월에 할 일을 생각한다
경쾌하게 운동장 밖으로 사라지기
오래된 애인에게 굿바이 선언하기
광채만 남은 김수영 사진을 찢고
방탄소년단 포스터 붙이기
김수영은 초월이니깐
너의 mojo가 사라지는 게 서운하니?
돌이킬 수 없는 것에 그만 미안해하기
한숨은 빠르게 호흡으로 변형되어
발바닥에 잔 근육이 붙는다
열린 땀구멍에 고운 잔뿌리 내린다

벌어진 입술 사이로 햇빛 들어온다
믿어줄까, 지금 론도나 왈츠를 추고 있다는 걸
저기 뚱뚱한 개도 춤을 춘다
꼬리에 달린 헬리콥터가 날아갈 것 같다
간지럼 타는지 플라타너스는 가지를 비틀고
나는 한없이 돌고, 또 돌고

일요일의 제인

금요일 마감은 위태로웠다
지금은 거북이처럼 손을 모으고 치킨을 기다리는 시간
TV를 켜자 세렝게티 국립공원에서
월미도 아파트까지 건기의 바람이 분다

요즘 야성은 면발처럼 불어 있다
사흘을 다이어트한 일요일 제인의 눈앞에선
동물들의 먹방 쇼가 펼쳐지고 있다
비단 왕뱀이 느리게 염소를 쟁여 넘길 땐
꽤 비위가 좋아진 요즘이지만
자신도 모르게 잇몸에 힘이 들어간다
눈동자만 빤히 내놓은 뱀뱀바족 아이들을 본다
식탁 위에는 오므린 뼈들이 수북하다

코끼리가 떠나자 타잔도 사라졌다
떠난 것들에 대한 반성은 할 만큼 했다
남은 시간 쩨쩨 파리만 조심하면 된다
이대로 잠들면 끝장이니깐
이제야 적응이 된 이 정글에서 살아남아야 하니깐

아껴두었던 사해 산 머드팩을 바른다
빛바랜 4벌식 타자 자격증 하나로 살아남은 자신이 기특하지만
훗날 자서전 마지막 장은 이러할 것이다
살아냈으니 이긴 것이다
아직 몇 개의 터지지 않은 알주머니가 남았다

가자, 치타

시론

사랑, 그리움, 희망, 외로움, 이별 그리하여 채울 수 없는 아픔
절대 이런 단어는 쓰지 마라 K선생은 말했지

본인은 잘도 쓰면서

"아홉수 마다 찾아왔던 이별"이라 썼는데
맙소사, 또 이별이 들어 있네
들어가야 할 이별이라면 어쩔 수 없지

나에겐 우주가 없다
우주가 없으니 한 평 땅도 없다
어쩌다 암고양이 3마리
어쩌다 냄새나는 골목
어쩌다 사랑을 모방하는 모방꾼
어쩌다 저 단어들이 끔찍하게 되었을까
겨자 나무에 올라가 바라보는 겨자씨만 한 세상
사물을 통일성 있게 세밀히 묘사하시오
강박을 머리에 달고 산다

그만 땅으로 내려가 해맑게 살까
통속적으로 작렬하게

시의 산을 오르자
가는 머리카락들 높게 묶고
아귀에 힘주고
등을 활처럼 구부려
언어의 산을 팽팽히 조이자

끼랑깨랑까라랑 호놀룰루루루루 샤랄랄라샤라라

백만 번 생각하니
진짜로 내게 왔던 당신처럼

제2부

소년 H

　내성적인 이마를 가진 H가 쪽방에 들어간다 책상 서랍 속에서 부러진 리코더와 돌멩이를 꺼내준다 손때 묻은 플레이보이지를 앉은뱅이책상 속으로 숨기며 웃는다 언제 한번 화륵에 가자는 빈말도 할 줄 아는 애늙은이, 어긋나게 붙어 펴지지 않는 팔로 깨진 거울에 건담 스티커를 붙인다 방안 가득 적나라한 오후 햇빛, 피리 부는 사나이와 건담 중 누가 더 세냐고 물어보는 철부지, 낮술에 취해 두들겨 패던 아버지와 밤에 도망간 엄마를 바다로 유인해 죽이려면 피리 부는 사나이가 낫겠다는 싹수가 노란 년, 발목 복숭아뼈가 유난히 붉다 붉어서 뜯어먹기 좋게 부풀어 오른 내 팔이 부끄럽다 새로 산 하얀 아디다스 운동화 너 줄까? 월급 타면 줄무늬 마린 셔츠도 사줄게 하얀 스니커즈를 신고 화륵 가는 기차를 타자 화륵은 새벽에 도착하기 좋으니 역마다 내려 인증 샷을 찍자 올 때는 첫 번째 기차를 타고 아무 곳에나 내려 소문이 무성한 바다를 잊어버리자 끊임없이 약속하는 날 보며 웃는 H, 알면서 모르는 척하는 게 특기인 고아는 아무도 믿지 않고 아무하고나 사랑에 빠진다고 말하는 H, 친절의 시대는 끝나버렸고 이젠 배타적인 지구에서 살아남는 일만 남았다며

방문객

간신히 귀를 트고 있다
삼월의 마지막 날이니 꼭 봐야겠다며 그가 달려온다
가로수들이 스타카토 리듬으로 물러나고
내 눈 가득 잉크를 채워준다

요란한 것들은 믿지 마
합쳤다 흩어지는 마른 모래 같은 거
눈은 울고 있지만
입으로는 웃고 있는 것
미궁에 가둔 반인반수를 택배로 보내
사랑했던 것을 죽일 때 쓰는 총알을 빌려줄게
올이 풀리는 옷을 입고 도망갈 순 없지
과감하게 잘라 버려
죄책감은 부풀어 뜨거운 피를 돌게도 하지

진달래가 도화선을 타고 올라온다
아버지같이 굴지 말고 밥이나 먹자고 나는 말한다
겨우내 잃었던 식욕이 돌아 현기증이 났으므로
눈치채지 못했지만 주머니에 이미 리볼버
한 자루 숨겨져 있었으므로

화륵

사람들은 문이 고장 난 봉고차 타고 꽃 보러 화륵간다
겨울잠 자던 뱀의 뒤통수에도 햇빛 쏟아지는
화륵은 모든 문이 저절로 열리는 곳
소매를 걷고 맨발로 걸어도 충분히 따뜻한

어제 뱉어낸 욕설이 내게 미칠 영향에 대해 생각한다
욕은 엉겅퀴 가시처럼 씁쓸하고 질기다
끈 풀어진 운동화를 신고 발을 굴러본다
발과 운동화가 서로를 밀어낸다
혼자인 일요일을 견딜 수 없어 너에게 전화한다

"여보세요, 여보세요?"
"잘 안 들려?"
"그럼, 다음에……."

꽃들은 스스럼없이 자신을 게워내는데
나는 겨울 지층보다 쓸쓸한 숙취를 게워낸다
꽃들이 화르륵 피는데
붉은 눈시울보다 뜨거운 여운을 아직 본 적 없다

부질없이 흩어지는 햇빛과
차곡차곡 쌓인 원고를 서랍에 같이 넣는다
왜 화륵에 가지 않았을까
고요에 발목 잡힌 봄

엔딩 크레디트가 올라갈 때

우리 방금 본 B급 영화에 대해 이야기해볼까

멀고 먼 은하에서 광속으로 날아온 달걀처럼
신선했지만 갈수록 뼈가 뻔히 보이는 달팽이처럼 느린
예고편이 전부인 예고편이 끝나면
외다리 여인과 외팔이 칼잡이가 싸우고 있지

절뚝이며 도망가는 여자
온몸으로 기어이 쫓아가는 남자
발밑에 낭자한 동백 머리
허공으로 퍼지는 욕설들
하지만 죽는 사람은 아무도 없지

24시간 편의점 간판처럼 파리한 얼굴로 극장을 나서면
악착같이 붙어 있는 우리의 장르가
치정 멜로로 바뀐 걸 알게 되지
번들거리는 입속으로 팝콘을 다 쓸어 넣고서야
이 활극이 웃기는 짬뽕으로 끝날 걸 알게 되지
몰입은 암막 속 엔딩 크레디트와 함께 사라지고

물기 마른 실타래에서 북어 눈알 빠지듯

컷!

자각몽 1

지도에 없는 바다를 건너는 중이다
가랑이가 벌어지지 않게 허벅지에 힘주고
양팔 벌려 평행을 잡고 있다
다리 사이로
창자가 꿰져 나온 길고양이가 털 고르기를 한다
잡부 김 씨가 담배 피우러 옥상을 오른다
아는 척하고 싶지만 손짓할 수 없다
손 하나라도 까딱하면 배가 뒤집힐 테니깐
충혈된 눈을 비비며 야근한 동생이 밥을 재촉한다
삼월에 죽은 엄마가
꽃 보자기를 둘러쓰고 서둘러 밥상을 차린다
나는 못 본 척
아무 소리 내지 않는다
샛눈을 뜨고 뱃머리를 본다
나를 끌고 가는 시커먼 머리는 거북목증후군이 있는지
어깨를 움츠렸다 펴길 반복한다
좁은 어깨에서 자꾸 밧줄이 흘러내린다
저 뒤통수가 뒤돌아보는 순간 화면이 바뀔 걸 알고 있다
하나, 둘, 셋

빨리 깨어나라
복화술 하듯 이빨 사이로 주문을 뱉는다
물살이 빨라졌지만 배는 지루한 공포 영화처럼 천천히 간다
발가락 하나라도 이불 밖으로 나가면
영영 깨어나지 않을 것 같아
발끝에 힘을 준다

자각몽 2

먼지와 석탄 가루가 날리는 골목에서
물음표처럼 서 있는 해마를 벽에 그렸지
검은 물에 콧등 까매지는 것도 모른 채
화물차는 수시로 경적을 올리며 지나가고
그럴 때마다 해마의 눈은 암연처럼 깊어졌지

쏟아지는 졸음을 참으며 바다에 간 적 있었지
휴게소 들릴 때마다 구름 한 접시를 주문했는데
살이 오르고 터럭이 둥글게 말린 구름이
가방 속으로 스며들었지 목탄과 구름은 이내 캔버스에
잦아들어
  놀라 가방을 열었을 때 후두둑
  해마는 온통 비 내리는 얼굴

나는 연필을 깎아 해마를 다시 그렸지
걸음마 배우는 아이처럼 갸웃거리며 다가오는 얼굴
주둥이에선 웃음 같은 알들을 쏟아내고
등지느러미에선 갈색 톳들이 말갛게 다가와
일그러진 내 입술을 쓰다듬고 있었지, 손을 뻗으니
포옹도 인사도 없이 사라지는

로드숍을 사랑해

올리브 숲 너머 이니스프리에 갈 거예요
누구나 환영해요
일곱 번째 소녀에게 잃어버린
금요일 밤의 열기를 주문할 거예요
맥없는 눈동자에 모카커피로 그러데이션하고
고음과 저음을 시차 없이 오고 간 입술에
도도하고 싶은 레드를 바를 거예요
에뛰드 성에서의 자세는 소녀풍이에요
어리게, 어리게 볼살을 만져봐요
풍성한 마스카라는 흐린 눈동자를 가려주네요
분홍천지에서 온몸 가득 도화살을 맞고 싶어요
주저하다간 뺏기는 게 젊음이에요
홀리데이는 불현듯 찾아오거든요
바구니 가득 열대 향 비누를 담다 급행은 놓쳤지만
만성 재채기 환자는 빨리 집으로 돌아가세요
여기는 아름답고 풍요로운 로드숍
주머니 속 블루마블 황금 딱지를 쟁여놓고
성 밖 세상은 잠시 잊었답니다

민지의 계획

민지는 권총 한 자루로 십이월 그믐 자정까지 악당 열 명
을 죽이는 게 목표다
성수기는 따로 없지만 성공한 적도 없다
신사와 숙녀는 사라지고 아이들만 드문드문 있는 세상
아이들은 귀하고 무례해서
최선의 보호가 최선의 방어가 된 지 오래다
시간만 나면 각양각색의 방법을 궁리하다 놀라지만
누구나 양면성은 있는 거라고 안도한다
새로운 하드보일드 시대 주인공이 되고 싶은 게
어디 민지뿐인가?
나쁜 사람들의 낯은 아름답고 견고해서
아무 일도 일어나지 않는 뒷골목의 밤
하다못해 도망간 고양이 한 마리 보이지 않는다
안달 맞은 지라시만 받아 적는 날이 많다
최종 목표는 품위 있게 죽이는 법과
미래의 신종 직업군이 될지 모른다는 꿈이다
그때까지 희소성과 품위만 지킬 수 있다면
이런 민지에게 두려운 것이 있다
번듯한 악당 노릇 한번 못해보고

일생 어설프게 살다 어설프게 소멸하는 거
폐장된 쇼핑몰 만국기처럼 이름도
소득도 없이 펄럭이다 끝나는 일

검은 모눈종이의 시집

혼자 사는 시인에게 시집을 보냈다
잘 읽었단 말 대신 꼴린다는 답장이 왔다
목 밑까지 단추를 잠근 나팔꽃과
검은 모눈종이의 시집 어디쯤
입천장 들러붙는 갱엿 같은 꼴림이 녹아 있던 것일까?
산비둘기 울음이 뼛속까지 파고든다는 전화를 끊고
구석에 쌓아둔 시집을 꺼내 읽는다
저며 났던 말들이 생콩처럼 비릿하다

내 살갗이 상추 이파리같이 푸르던 날
나를 좋아했던 그는 어디서 맹물처럼 흐르고 있을까
손가락이 길고 하얗던 왼손잡이 사내
세상과 섞이지 못해 늘 조바심 났던
실패한 혁명가 얼치기 시인
분당 신도시에서 치킨집 한다는 소리도 있고
변두리 보습학원 교사가 됐다는 말도 있지만
그의 체취에 대한 기억이 없다
아무것도 없으니 그리울 것 없다
다만 전화기 속 울음 섞인 목소리가

자꾸 귓불을 달뜨게 해

건조한 내 문체를 더듬는다

배고픈 고양이 밤의 베란다를 서성이고

허당

한 아이가 달려가다 넘어졌어
쫓아가 어깨를 안았는데
민소매에서 톡 쏘는 박하 냄새
이 냄새 어디서 왔을까
원소기호 크게 붙어 있던 과학실일까
초코과자 굽던 실습실이었을까
이 냄새 나와 닮은 게 없고
아픈 기억도 없는데
섭섭하게 내 품을 빠져나가는 아이
발아래 개미들은 부지런히 갈 길 가고
모래흙은 곱고 부드럽지만
마음이 먼저 달려가면 언제나 허당
이를테면 자정 넘어 우두커니 백지를 바라보거나
안락사 직전의 앵무새를 어쩌지 못하는 거
12개월 할부로 가는 산티아고 순례길
순례보다 더 좋은 공항 가는 길
허허롭게 허당을 즐기며 살았지
지금 또 느끼고 있잖아
속절없음과 속됨을 양쪽 옆구리에 끼고

허우적거리며 말이야
넘어진 아이를 일으켜 세울 때
소리 내어 울고 싶은 심정
괜히 하늘을 보았지
검푸른 에나멜 뿌려놓은 것 같이
금방 어두워졌으므로

하계연수

볼륨을 줄이고 파도를 듣자

어제 이별하고 단체연수 온 사람들이
오늘 불꽃놀이 한다
찢어진 파라솔 안으로 모여든 바닷새와
공중에 풀어지는 외지 사람들 소음으로
여름이 시작되고

사람과 바다가 모두 깨어 있는 밤
어제 이별하고 단체연수 온 사람들이 노래한다
나는 틀린 가사의 행과 행을 교정한다
초면인 사람과 어제까진 몰랐던 비밀을 공유한다
사랑의 도피행각을 벌인 여자들의 가십을 들을 때
왈칵 눈물을 쏟아낸다

바다에 오니 눈물이 나네요
쓸데없이 솔직해지는 사이

이 신축 모델하우스 같은 리조트에

엄마나 애인 몰래 다녀간 사람 있을까
검은 방죽에 앉아
노래도 불꽃놀이도 없이
바다를 보며 울다 후련해진 자신을 경멸한 사람 있을까
경멸의 엔진을 돌려
아무도 모르게
첫차 타고
도망치듯 돌아간 사람

불편이라는 소울메이트

오늘도 맨발로 헤매다녔습니다
동시상영 하듯 장르가 다양했습니다
휘몰아치다 망해가는 포구에선 비에 흠뻑 젖고
산바람에 어물쩍 돌아앉은 돌부처랑
사진 한 컷 찍었습니다
헤드라이트에 눈먼 두더지도 만났는데
수줍음 타는 눈과 한 무덤만 파는
군센 앞발이 부러웠습니다
반발하는 들에서 주운 돌멩이를 주머니 넣고
흉흉한 소문이 도는 빈집도 기웃거렸습니다
황량한 바람이 부는 건 당연지사겠지요
여기까지는 꿈 이야기입니다
나는 실크와 무명의 기질을 가지고 있습니다
눈꺼풀 뒤집어지는 불운엔 순응하고
욕망의 배 속에선 불협화음을 냅니다
내 육체는 한 번도 불같이 화낸 적 없지만
내 정신은 늘 몇 분씩 지각하는 학생입니다
여기까지는 사실적 이야기입니다
그런데 불편이라는 소울메이트

한마디만 충고합시다
바뀌는 문체는 신경 쓰지 마시고
가던 길 계속 같이 갑시다
이젠 섭섭함도 사라진 사이니깐

정치적인 아버지

엄마가 밥 먹으러 간 사이
병원에서 혼자 돌아가신 아버지
아버지 죽음은 객사일까 아닐까
'네 엄마 얼른 오라 해라'
전화기 건네던 모습이 마지막이었다
삼팔따라지 박정희 신봉자
집에선 평생 재야인사
선거 때 되면 반골인 나 때문에 밥상이
몇 번 뒤집어졌지만 그것 빼고는
약한 심장 때문에 식구들 고생시킨 것 빼고는
착하게 살다 간 황해도 평산 상회 큰아들
검은 바바리코트를 즐겨 입던 손이 하얀 남자
어릴 적 탁발승이 일러준 대로 절 공부했으면
정말 공력 높은 스님이 되었을까
회한도 비애도 없이 구름처럼 살았을까
죽은 다음에야 궁금해진 아버지 유년
나에게 당당히 용돈을 요구했지만
김 선생이라 부르며 공손히 받던 사람
죽기 전에 개신교 신자가 된 아버지

일생에 반전 한 번쯤 있게 마련이지
찬송가 울려 퍼지는 장례식이 마뜩잖은 나와
죽어서도 밀당했지만 당신 뜻대로 살다 간
촉 닳은 만년필 외엔 정말 아무것도 남기지 않아서
공수래공수거를 몸소 보인
비정치적인 아버지

회계원 1

오늘도 검지는 할 일을 한다
수십억 숫자를 견디는 한 개의 지렛대
야근을 완성시키는 하나의 구두점
건조한 지문을 검지는 감당한다
그를 지켜보는 수천 개의 손가락들
실눈을 뜨고 검지의 실수를 고대한다
그럴 때마다 눈썹을 만지며 검지에 힘을 준다
야간 교습소 서너 군데와 몇 번의 연애를 거치며 생긴 습관
손목이 유연한 진술자로 살고 싶지만
책상 앞에 앉아 사실 그대로의 숫자를 입력한다
때때로 물고기 낚듯 흥분될 때가 있다
그것은 숫자가 아닌 몇 개의 문장
천사양복점 사업자번호오류
청춘전파사 미수금독촉요망
매혹출판사 최종부도처리
모니터 속 우는 얼굴을 상상하며 자꾸 계산이 틀린다
촘촘하게 붙어 있어 촘촘하게 읽는 숫자를 좇으면
눈동자에서 기침이 터져 나온다
활자는 레고블록처럼 흩어지고

의미를 잃어버린 소수점은 원점으로 돌아간다
검지는 입국 심사대 심사원처럼 빠르게 숫자를 분리한다
이것이 최선인 양

회계원 2

웃어

다 잊고 다시 계산해 보자

벽에 붙여 놓은 포스트잇부터 떼어내고

3과 8 사이 느닷없이 개입하는

잠자리, 바람개비, 잠자리, 팔랑개비

덩달아 안드로메다로 날아가는 결산서

너의 행성엔 액체 고양이 분화구가 총총총

모차렐라 치즈처럼 행과 연이 녹아내리고

그사이 너는 소수점의 뫼비우스 띠를 걸고 있지

분별력은 사라지고 대책 없는 문장만 남았네

천 개나 되는 생각의 단추를 잠그려면 고생 좀 하겠구나

손가락 간격이 넓은 4벌식 활자를 버려

종과 횡이 딱 맞는 좌표는 얼마나 아름다우니

엉망으로 일그러진 미간 좀 펴

0과 1로만 된 명확 이란 별을 탐험하자

키링

로사의 피가 어딘가로 자꾸 빠져나간다
피는 빠져나가 몸은 샛노랗다
로사를 입원시키고 병원의자에 앉는데
발밑에 깨끗한 판다 인형이 떨어져 있다
무표정과 우울이 왕왕 울리는 로비에서도
눈은 용케 작고 보슬거리는 것을 찾는다
노인이 비쩍 마른 손가락으로 저 곰이 당신 것이냐 묻는다
대꾸하기 싫어 눈을 감는데 눈망울이 너무 울어 검게 변한
로사처럼 보인다
이 인형만이 바닥에서 주목받는다
보푸라기 하나 없는 인형을 의자에 앉혀놓고
누군가 찾으러 오길 기다린다
노인이 또 눈으로 묻는다 이거 당신 거요?
도대체 왜 인형의 출처를 내게 묻는지 모르겠다
사십 년 넘게 남남처럼 살다 죽을 때 돼서 친해진 로사는
죽을 것이다
곧 분홍 입술 가진 천사들이 아일 데리러 올 거다
퉁퉁 부은 몸에서 마지막 물기까지 마르면
가뿐해진 로사와 헤어질 거다

나는 인심 쓰듯 그가 가지고 있던 잡다한 열쇠 중 맞는 걸 찾아
　엉킨 머리빗과 금 간 손거울은 버리고
　화사하게 웃는 사진 하나 간직할 거다
　푸르게 부은 살냄새와 오직 울음만 살아 있던 가여움을 기억할 거다

　노인은 번호표를 들고 천천히 걸어가다 뒤 돌아 본다
　나는 고개 숙인 판다 인형을 곧추세우고 눈 맞춤 한다
　지친 얼굴들 속에서 누군가 너를 찾으러 올 테니
　오늘 하루는 꼭 살자

부상당한 천사

장미와 환청의 날이 있다면 너의 것일 거야
병약하게 태어나 막차 타듯 약물중독까지 됐지만
그 와중에 노래하고 춤추고 로사라는 세례명도 받고
지켜야 할 계약 같은 게 남았는지
생을 열심히 탕진하는 너는 부상당한 천사였는지 몰라
착한 사마리아인이 될 기회를 주려고 하느님이 내게 보낸
그런데 나는 천사의 말을 몰라
일어나지 않을 행운에 기대어 살고
일어나지 않을 일들만 걱정하잖아?
로사, 뭐 이래 질 나쁜 폭풍이 있니
한 번도 자신을 전복시키지 못하고
한번 물기둥이 솟으면 열 번 더 깊이 가라앉는
살가죽과 뼈와 산소호흡기가 삼위일체 되어
내가 오기만 기다린다는 말 들었어
날개 같은 건 지하철 보관함에 넣어두고
담배 한 개비 피우고 싶다니
좀 웃음이 나왔어
뒤통수가 이렇게 예뻤나
막 입적한 비구니 같아

나의 죄까지 모두 흡수한 채

잠들어 있는 하얀 뱀 같아

이제야 나는 어른이 되어가는 것만 같아

골목 성분

궤도에서 사라졌던 넝마가 가끔 출몰한다
보따리를 봉인 해제하면
꽃이나 풀이 암모니아에 취하는 건 당연한데
낮에 그를 보는 건 극히 드물다
골목에는 신의 부름을 받은 이가 깃발을 올려 지상과 내통한다
유머러스한 일은 창가에 조화를 기르는 것이다
플라스틱이 빛을 먹기나 하듯
소소한 악행이 자주 일어나기도 하지만
속내를 들여다보면 자석에 쇠붙이 들러붙듯
가난이 동조하고 있다
하지만 아무 골목에서나 일어날 수 있는 일
어떤 이만이 자신의 주소를 쓸 때 단호하다
지층이나 지하보단 대문자 알파벳 B로 표기한다
무엇을 뜻하는지는 모르지만 블랙이나 블라인드가
아닐까 상상하다 그 속에 들어 있는 잠정적 죄의식에 사로잡힌다
그럴 땐 태엽 감듯 다짐을 조이고 조여
돌아보지 말고 도망가는 게 상책이다

작동되지 않는 CCTV가 등 뒤에서 쳐다보지만
언젠가 맡아본 호화로운 작약의 향기 나
냉장고를 망루 삼아 인간을 관찰하던 오드아이
고양이를 생각하며 경쾌하게
이것은 도망의 최대치 곧 회덕칠한 천장에 갇힌다
하늘이 바늘귀만 하게 보이는 쪽 창문
퀵, 퀵, 퀴클리, 패스트
느리게 올라오는 냄새들
바람 한 점 없는 출신성분을 가진

미골

하필 보신각 타종하는 날
캔디 노래방 지하 계단에서 날아올랐다
끼아악
낯선 비명이 터지고
몸 안 숨어 있던 호모사피엔스의 꼬리뼈도 같이 날았다

그 후로 오랫동안

가벼운 기침은 물론
은밀한 자세를 취할 때
똑바로 누워 천정을 바라볼 때
무한대 찬스를 받은 퀴즈쇼의 스위치처럼
엉덩이가 화끈거렸다

미골, 거기 어디쯤 있는 거 알지만
너무 미미해서 사라진 줄 알았던 통증의 역사

가끔 방바닥에 늘어지게 누워 출근하기 싫을 때
애인의 문자 같은 거 멀찌감치 집어던지고

달밤 지붕 위에서 노래라도 크게 부르고 싶을 때
그건 미골이 피곤하다는 싸인
간질간질 달래 달라는 싸인

어서 흔들어봐
풍성하고 힘 있던
네 꼬리

거울을 보며 엉덩이 흔든다
흔들다 미골하고 불러본다
아름다운 골짜기에서 미고올 대답한다
풋, 혹시
인간의 유머 여기서 나오는 거 아냐?

이 도시를 떠날 수 없다

오후 4시가 넘으면 까부라진다
다 접고 뛰쳐나가고 싶지만
보험금은 전세에 묶여 있고
하루치 신지로이드 기운은 바닥났고
화장실 변기에 잠시 앉아
창문 밖 일렁이는 벚나무 가지를 본다
봄이니깐 흔들리지
흔들리니깐 울컥하지
힘들다 문자 치지만 보낼 곳 없다
발바닥 몇 번 굴러 보고 거울 한번 쳐다보고
모이 앞에 공손한 앵무새처럼 나를 달랜다
신께선 어떡하든 살아갈 방법을 주시니
늘 하는 맨손 체조 같은 것이랄까
목구멍 속에 살던 나비*가 사라진 날
비애와 피곤이 완전체를 이뤘다
대가로 이 도시를 떠날 수가 없다
찢고 나갈 데 없으니
어서 일어서자
답변해야 할 목소리가 기다리는

의자로

* 갑상샘을 나비로 비유하기도 함.

메트로

뺨 한쪽에 갈린 자국이 있는 사내도
물방울 가슴 성형 광고를 집요하게 읽는 노랑머리 아가씨도
레일 위에선 일정한 박자로 흔들린다
띠링, 띠링
'좋은 아침'
서정도 서사도 없는 단체 문자가 온다
꾹 눌러 문자를 죽인다
'사랑한 죄인'들이 핸드폰을 본다
기침을 손으로 막고 있는 죄인도 있다
여기 사랑하지 않는 죄인도 앉아 있다
죄수를 싣고 가는 경쾌한 메트로

정말 원하는 곳으로 가고 있는 거야

어디든 좀 날아가 버려
달큰한 죄의 씨를 확 뿌려 봐
후미진 벽돌담 달리아로 피던
씨앗을 삼키고 목이 콱 막혀 죽어버려도

사랑은 죄가 없잖아
다음 역까지 버퍼링이 너무 길다
죄인들이 직립하기 위해 꿈틀거린다
갑자기 누군가의 엉덩이를 걷어차고 싶다
아무도 벌주지 않는데
나는 어디론가 호송되고 있다

꺾어진 백조의 모가지에선 노래가 흘러나온다

볼록렌즈에 햇빛을 모으다 하늘을 보았어
죽은 달에 돌아오는 까마귀들
이 아름다운 반복은 어쩔 수 없지

태양의 일격으로 나무의 심장이 따뜻해지고
버드나무 살갗에 피가 돌면
풍부한 햇살에게 싱싱한 간을 바치고 싶어

이빨 빠진 바람이 매몰차게 햇빛을 거둘 때면
은빛 지퍼를 채운 시월이 잇몸 사이로 내뱉으며 하는 말
방 하나 주면 조용히 있을게
금방 잊힐 거야

주머니에 손을 넣어줬던 이는 강을 건너지 못하고
네 손만 흑빵처럼 굳어 버렸어, 그래
뒤통수야 잘 가

탄식의 향을 피우고
간신히 도착한 비통을 껴안자, 꺾어진 백조의 모가지에선
노래가 흘러나왔어

제3부

하얀 시트 위의 바다

배추흰나비 날아온다
하얀 시트를 턱밑까지 올리고 눈동자를 굴린다
사람들은 약 기운이 돌자 몸을 천천히 흔든다
기괴하다 생각하면 끝도 없지만
미소요양병원에선 이것이 정해진 순서다
배추흰나비를 잡으려 손 뻗는 이 아무도 없다
누운 사람들은 물고기가 그려진 천장을 바라본다
일각고래가 뿔을 높게 쳐들어 바닷길 만드는 걸 본다
반짝이는 날치 꼬리들이 선풍기 방향으로 돈다
검은 잠수복 입은 여자들이 날숨 한 번에 오래 잠수한다
코앞까지 검푸른 물기둥이 내려와 소금 냄새를 풍긴다
이런 데서 바다를 보다니 황홀하다 말한다
푸른색 유니폼을 입은 보호사가 기저귀를 갈러온다
자야, 자야, 네가 온 거니?
턱과 뼈에서 공깃돌 부딪히는 소리가 들린다
쓴 커피 한 잔 주지 않는 침대는 정말 가혹해 응? 응?
아무것도 묻지 않았는데 대답하는 사람
아무도 대답하지 않는데 이름 부르는 사람
몇 개의 백색소음과 신음이 뱃길처럼 아스라하다

해수가 깊을수록

겨드랑이 밑 물뱀 한 마리 꽉 물고 놔주질 않는다

푸석한 겨울 사과 같은 속살에 붉은 주삿바늘

눈앞은 다시 코발트블루

습습습

민들레 포자같이 가벼워 보이지만
내 늑골에 거대한 습지대가 있어요
간지럼은 참을 수 있지만
출렁거려 오래 걷지는 못해요
나를 진짜 알고 싶다면
시간을 오래 주어야 해요
말할 수 있는 속사정을 한 개비씩 말해볼게요
쿨럭 벌써 기침부터 나오죠
우포나 순천만을 다녀온 것만 같죠?

습지를 품고 살아 아파트나 전원주택은 무리예요
바짝 말라야 하는데
여름 홑이불처럼 명랑한 적 없어요
부어 있는 마음과 육체 위로
작은 새가 둥지를 튼 적 있지만 견디지 못하고 날아갔죠
습지에서 물기를 피워 올리면
탱탱하던 날개는 풀이 죽어버리거든요

한 번은 공사를 시도했어요

늑골에 아주 큰 배수구를 만들어도 보고
대형 선풍기를 틀어 말려도 봤지만
왜 꼭 그래야 하나요
1억 4,000년 동안 생성된 우포늪은 그대로 아름답잖아
이번 생은 그냥 두기로 했어요
여의도 면적만 한 습지대
습습해서 다행인 운명을
몸 안에 품고 있으니깐요

시간을 타는 구름

오후 2시의 하늘을 찍는다
꼬리를 감춘 구름이 자기 편한 데로 누워 있다
볕이 좋으니 좋은 구름을 건져야 한다
늘어진 혀로 연신 입맛 다시는 개와
오줌 지린 이불이 말라가는 골목

수천 킬로미터 떨어진 곳에 비를 찍는 사람이 있다
화단에는 맨드라미와 선인장이 자라지만
비 아닌 것엔 수줍음이 많다
딱 한 번 스친 강물에 마음 뺏기어
평생 눈 그림자를 달고 사는 사람
쨍하게 맑은 날 증발하는 그의 버릇처럼
가끔 늦은 일요일 저녁이 궁금하지만
소문으로 만나는 게 즐겁다
우리는 걷잡을 수 없이 섞여 사라질 테니깐
구름과 비가 시간의 정글짐을 오른다
오늘은 구름이 좀 더 빨리 올랐다

인디언 핑크빛 큰 귀를 가진 거대한 토끼

고개를 갸우뚱거리며 지상을 내려다본다
대여섯 번 훌쩍 뛰면
어디든 갈 수 있는 큰 발을 가지고

곡우

마른하늘에 벼락이 자주 쳤다
뼛속을 파고드는 바람 덕에
한뎃잠 자는 몸의 내구성은 강해졌다
지하도를 뒹구는 소주병에 바람의 공명이 깊다
처음 나발을 불었을 때 알싸함은 사라졌지만
제각각 소리를 내며 혼자 울기도 했다
철 지난 신문지로 만든 봉분에는
어디서 기어 나왔는지 벌레들은 자리 잡고 있다
퇴화한 날개를 습관적으로 꿈틀거리다 인기척에 숨어버린다
동인천역사 하늘을 노랗게 토해놓은 달무리
오싹하고 가벼운 예언은 늘 적중하듯
내일은 비가 오려나 보다
만우절이 한참 지났지만
웃기지 않는 시간은 흘러 어디로 가는 걸까
은색 동전 하나를 성채처럼 품은 사람
언제 깰지 모를 깊은 잠에 방금 들었다

마사이워킹

 어깨 위에 어둠이 어슬렁 내린다 가로등은 순간에 켜지고 누군가 격자무늬 말을 타전해 왔지만 더 이상 물기를 내어주긴 싫다 잠긴 비상구 열쇠를 찾아 골목을 벗어나는 것 이것이 최선이다 기울어진 축대 밑 장꽃이 노을 방향으로 기울어지고 기린의 잠처럼 오늘은 소멸되겠지만 기약할 수 없는 말들의 꼬치를 빼먹으며 뒤꿈치에서 엄지발가락까지 둥글게 힘을 준다 붉은 천을 휘감은 마사이 청년처럼 빠르게 걷는다 머릿속 젬베*도 같이 울지만 무시한 지 꽤 된다 양손엔 창과 방패 없이 가뿐하다 전봇대 촘촘한 거미줄에 회색 앵무새가 걸려 있고 매복한 사마귀의 날개가 떨린다 무엇에 사로잡혔었는지 잊은 채 둥글게 걷다 보면 발로, 발에게 퍼졌던 열기는 심장 가까이 가길 좋아한다 덥혀진 몸속에 물결이 깊다 늘어진 그림자가 훅훅 따라온다

* 젬베 : 아프리카 전통악기, 북.

화투 치는 여자들

빌라에 남자가 없다
제일 고참인 얼굴이 얽은 박 여사는
아들이 알코올 중독자로 폐쇄병동에 들어갔고
서른에 과부 된 202호 버들 류 씨 사면초가 파 류 여사와
김칠성 씨 직계존속인 나와 이혼한 여동생
전직을 알 수 없는 미세스 조
무료한 날이면 화투를 친다
매조에 모란과 송학이라 님도 보고 뽕도 따겠구나
패치는 소리가 찰지게 안방을 넘는다
오늘따라 선을 계속 잡는 류 여사와
선수를 놓친 나는 광만 팔고 있다
형광등은 석 달째 깜박이는데 개의치 않는다
화장실 똥물이 역류하고 나서야
아들이 강제 이송된 후에야
서방이 일찍 죽고 나서야
세상이 잘못 돌아가고 있음을 알아챈
게딱지 같은 연립에 빗물처럼 모여든 여자들
이 친근한 불운들 모계로 이어지는 사사로운 불운들
세상과 보폭을 맞추지 못해 자꾸 자빠진다

꽃놀이도 시기가 있고 화투패도 정도가 있지
너무 늦거나 너무 이르게 터지는 끗발
이 애물단지는 죽지 않을 만큼 애를 태운다
며칠 안 보이면 처지를 궁금해하다가도
수틀리면 드잡이를 하지만
속이 뻔한 수가 훤히 보이는
화투를 친다

검정 원피스

뒤죽박죽 옷장에서 청바지를 꺼내 노을에 말렸다
캔버스 운동화에 푸른 잉크 몇 방울 떨어뜨렸다
이 아름다운 행위도 한때란다
틈이 벌어진 화장실 벽 가래침의 높이를 눈대중했다
습한 구멍에서 그리마가 출몰할 땐 일부러 비명을 크게 질렀다
발라당 뒤집어진 명랑한 줄무늬 다리들
공터에는 해바라기와 아이들이 그악스럽게 자랐다
잇몸이 근질거리면 입술을 꽃잎에 대고 문질렀다
조금 더 자란 아이들은 거담제를 먹었다
폐에 흉흉한 구멍이 난다는데 어쩜 용감하기도 하지
반인반어의 전설을 읽는 일요일 아침이면
내분비가 솟구쳐 올랐다
난데없이 황홀하고 느닷없이 수치스러운 이 아름다운 행위도 한때란다
환각은 짧고 은하철도 보다 긴긴 후유증의 날들이 시작된단다
갈망하던 검은 꼬리지느러미 대신 오래된
검정 원피스 하나 남게 된단다

퇴근하는 소년

강 위로 비가 내린다
졸다 깼는데 목이 가느다란 아이가 앞에 서 있다
앞코가 닳은 갈색 워커
늘어진 라운드 셔츠
회수한 전단을 옆구리에 끼고 창밖을 보고 있다
'도와주세요 고아로 자랐어요'
낡은 종이에 큰 글씨로 쓰여진
이 장르는 생명력이 오래 간다
몇 번씩 문이 열려도 내리지 않는다
순환선을 더 돌다 갈 참인가
바짓단엔 땟국물이 흐르고 눈 밑은 검다
레일에 부딪히는 바퀴 소리가 출렁인다
눈도장 찍으러 갔다가 허탕 치고 가는 길
가리키는 곳마다 쓸쓸한 풍경들
다시는, 다시는 다짐하는
비 오는 날은 공친 날
아이 주머니에 천 원 한 장 꽂아주고 싶은데
흔들리는 손잡이 사이로 금방 사라진다
빠르면 내일 새벽쯤
봄은 서울에 입성

론리 나이트

파도 바깥에는 역병과 벚꽃이 동시에 창궐했다

까맣게 탄 십리포 밤바다
사내가 잡아 온 물고기를 구울 때
우리는 뻐끔 담배를 돌아가며 빨았다
비릿한 공기 속에 빛나던 흰 종아리들
누가 누구를 좋아하는지 몰라서
밤은 짜릿했다

아무런 죄의식 없이
뭍에서 밤바다로 잠적했을 때
어린 생은 격정을 맞이했지만
우리가 바다를 잊는 건 당연하다
늘 패배하는 사랑을 했고
불행은 단말마로 끝났으므로
쓸쓸한 밤을 견디는 건 이제 의무다

스스로 가둔 허름한 골방에서
배가 오지 않는 이유에 골몰하느라

몇 달째 시를 쓰지 못했다
어떤 날은 벌레만도 못하지만
등대가 딴청을 피우는 날에는
뱃사람을 홀린다는 사이렌이 창가까지
기웃거리다 도망쳤다

수원행성반차도

케플러를 동경하는 열두 살 아이도
화성을 마르스라 부르는 사람도
수원 행성 가던 날 참 이상했어
새로 발견된 도토리코프 33호 행성에 불기둥 하나가
홀로 높이 뛰어올랐고
새들은 온종일 비행운이나 만들었지
이상해 가던 곳에 갔을 뿐인데
그날은 홍염의 맹렬한 기운이 분출되기라도 했는지
플랫폼으로 향하는 버그에 걸려버린 거지
마른 하천 물고기를 굽는 왜가리들과
양 머리에 바람개비를 올려놓고 파는 노점상들
이런 광경이 놀랍진 않았어
붉은 카페트호에 바람을 넣는 사이
구름은 흩어지고 어두워지기 시작했어
저기는 강물이 풍족하게 흘러
과묵한 사내를 위해 돌다리를 놓던 곳
늙은 안내원이 행성의 내력을 공손히 내밀 때
큰개자리에서 출발한 이도
멀고 먼 은하계를 떠돌다 성곽에 내려앉았는데

푸른 봉황과 황룡이 그려진 깃발이 일어서고
대취타와 백마는 갈기를 휘날리며 앞장섰지
낮달과 태양도 마침 같은 위도에 떠 있었어
광선 검이나 검은 투구는 쓰고 있지 않았지만
맥없이 서 있는 사람들 사이에서
흰 이를 살짝 내놓고 웃고 사람이 있었어
나는 단박에 그분이란 걸 알아버렸지

능화리

나는 자두를 사랑한다고 했고
너는 자두가 먹고 싶다고 했다
누가 먼저 그랬는지 모르지만
구월은 어리석은 질문을 용서한다
능화리 가는 기차를 탔을 때
밀짚 냄새 밴 가을 햇볕이 쫓아오고
기차의 꼬리는 저녁을 매달고 달린다
장마철에 받았던 종이꽃에 물이끼가 자란다
너덜거리는 잎사귀를 잘라 버리고
그곳에 도착하면 얼굴 큰 작약을 심자
근심이 자라는 정원에는
거미줄에 매달려 있는 수거미 사체
먹이 앞에 짝눈이 되는 사마귀
마지막까지 울다 날개만 남은 매미
오직 너의 두 손 만이
섞이기 싫어하는 후박과 자작을 뒤로 물리고
아껴둔 자두나무를 심어 흙을 다진다
마침 공중을 맴돌던 산비둘기 일제히 내려앉는다
순간에 매혹된 것은 순간에 사라지고

이른 잠에서 깨어나 마지막 입맞춤할 때
시를 읽던 입꼬리가 제일 먼저 올라간다

나무들의 입학식

봄비 내리는 운동장에 삽이 꽂혀 있다
앵무새 날개보다 더 얇은 나무
입김보다 조금 따뜻한 비가 내려
겨드랑이에서 김이 솟는다
추운 밤이 곧 연착할 운동장
친척 집에 살러 온 아이처럼 굳어 있다
목관악기의 공명을 가진 나무에게
괜찮니 물어보았다
비 오는 날에는 파마가 잘 안 나와요
속 빈 바늘이라 불리는 성에는 혼자 사는 도둑이
외로워서 사람들 마음을 훔친대요
되바라지고 쓸쓸한 대답을 한다
미약한 뿌리에 물기가 도는지 바르르 떤다
고상하지만 무표정한 판Pan이 나무 피리를 분다
뿌우 뿌
지금이야 뛰어 들어가
지문이 큰 이파리들이 비명을 질렀다
연약한 가지에 연두색 낙인이 찍혀 있다
곧 몰입으로 짙어질 게 분명하다

눈만 있는 봉제 인형을 나눠 가지고
이름도 까먹을 새들과 재잘거리는 칠월이 가면
세상이 너무나 궁금한 열네 살이 될 거고
오렌지 알갱이 터지듯 이파리가 만개할 거다
횡과 열을 맞춘 어린나무를 살짝 건드려봤다
속눈썹에 빗방울이 떨어졌다
춥지 않니
빗속에서 누군가 말하는 걸 들었다

레몬이 먹고 싶은 아이처럼

장마가 며칠째 계속되었죠
습기에 공기마저 가라앉았고
골목에는 때때로 안개가 피어올랐죠
오늘은 느닷없이 놀이동산만 한 무지개가 떠
사람들이 무지개 끝을 갉아먹기 시작했어요
노랑을 먹으며 빨강으로
남자에게서 여자에게로
시급을 아직 받지 못한 알바생의 마른 어깨 위에
서류 가방을 든 남자의 레종 담뱃갑에
무지개는 무지개의 임무를 다하고 있었죠
사람들은 오랜만에 재밌는 광경에
제각각 물든 혀를 서로 내보이며 웃었죠
25시 편의점 간판에 사소하게 물드는 무지개로
허기를 채울 순 없지만
나는 레몬이 먹고 싶은 아이처럼
공갈빵 같이 부풀어 오른 일곱 빛깔을 바라보았죠
아주 오래된 책에서 읽은 말이 생각났어요
장마에는 심란이 더 빨리 자란다
달력에 동그라미를 그리지 않는 날이 많아졌지만

저녁이 대회전식 관람차처럼 오기 전에
눈과 입을 크게 벌려 무지개를 빨아들이고 있었어요

나팔꽃

땅거미가 눈꺼풀 위에 무겁게 내린다
담장을 타던 작은 꽃잎이 일제히 오므라든다

미열 있는 이마를 담벼락에 대고
가늘지만 단단하게 올라가는 줄기에 혀를 대본다
잔털이 날카롭게 박힌다
겨드랑께 축축한 아마씨 냄새
오한에 땀구멍이 좁아진다

주머니에 녹아 있던 감기약을 버리고
닫힌 유리창에 귀 대어 본다
자그락거리며 돌멩이 하나
수신자 없는 달팽이관으로 굴러떨어지자
일제히 나팔꽃 손나발을 분다

유빙을 단단한 징검다리로 생각한 적 있지
손 놓지 마 나도 놓지 않을게
얼음이 녹기 전 발 구르기 하자
저녁이면 귀 닫는 나팔꽃

우린 아무도 약속을 지키지 못했지

몸 되면 마음 안 되고
마음 되면 몸 안 되는
어쩔 수 없는 종족

도깨비풀

뿔 잘린 사슴을 안고 서럽게 울던 사람
연잎 같은 손으로 사슴을 오랫동안 쓰다듬고 있습니다
짐승의 젖은 속눈썹을 떼어내며
검은 눈 그늘에 입술을 대어봅니다
그의 오장육부는 사랑을 잃은 것보다
잘린 뿔이 걱정되어 슬프지 않습니다

소금쟁이보다 더 가벼운 옷을 주세요
우리 사랑은 여름날 해프닝이었고
11월은 개운한 표정으로 곧 사라질 것입니다
무슨 이유에선지 꽃 지는 게 슬프지가 않습니다
새로 발견한 무지개체로
'행복해지고 싶어라!'로 시작되는 편지를 씁니다
회색빛 눈을 반짝이며 거친 옷을 다시 지어야겠습니다
아무 곳에나 자라 아무에게나 어울리는
상아나 뿔은 없지만 끝끝내 살아내
웅웅대던 바람이 잦아들면
단막극 한 생 오롯이 완성되는

흔한 낙타에 대한

햇살을 등에 꽂고 낙타가 걷는다
무심히 혀로 콧구멍을 핥는다
나는 편안히 앉아 익숙한 비애를 본다
와이드 화면 속 모래바람은 회오리치고
열 받은 팝콘은 지리멸렬 터진다
낙타는 우스꽝스럽게 울지만
눈물을 저장해 놓고 가볍게 씹는 법을 안다
단내가 화면 밖으로 품어 나온다
지긋이 눈뜬 낙타의 검은 망막에는
아무것도 읽을 수 없다
뜨거운 혹 만년을 이고 다녀도
긴 눈썹 한번 깜빡이면 화면이 바뀐다
마른 오아시스에는 오늘도
불굴을 되새김질하는 흔한 낙타가 있다

마리골드

넘어야 할 국경도 손이 두꺼운 애인도 없는 밤
눈은 푹푹 졸인 갱엿같이 속을 알 수 없어
이 눈에 마지막 손 담갔던 사람 누굴까

담갔던 손에 묻어 나온 암청색 얼룩들
눈 없는 창문에서 나오는 병적인 징후들
독 사과와 장미꽃 봉오리는 얼마나 사랑스러운가

누구도 밟지 않은 하얀 운동장을 찾는
탈진과 얼룩으로부터 진저리치게 도망치는
저탄장에서 올 소포를 기다리는 눈

빠르게 스쳐 가는 선언문이 있다
비밀금고에 넣어두고 까먹었던
노란 왕관을 쓰고 집중하는 마리골드

아무것도 아닌 것은 본대로 뜨거워져라
아무것도 아닌 것은 쓴 대로 이루어져라

김미옥의 시세계

오래된 기억의 온도, 시의 예감

김지윤

(시인·문학평론가)

언젠가 사랑의 정기가 감돌면
옛 불꽃이 노래들을 새로이 살려 내리.

가슴속에서 많은 예감이 아우성친다.
사랑의 정기가 언젠가 이 노래들을 녹이고,
언젠가 이 책은 네 손에 닿으리라
— 하이네, 「노래들」, 『노래의 책』 중

1

인간의 언어가 자연의 산물이며 신의 말과 같다고 한 독일 시인 하이네의 말을 빌려보자면, 이 시집의 시들은 언어 속에

숨은 자연과 신의 목소리를 들으려 기억의 신전에 올려놓은 노래들이다. 이제는 악보와 분절된 음표로만 남은 오래된 노래들을 품고 있는 기억을 풀어내어, 시인은 옛 주문처럼 읊으며 다시 연주하려고 한다.

내밀한 기억의 편린들을 보여준 첫 시집 『북쪽 강에서의 이별』(천년의시작, 2015)에 이어 두 번째 시집인 『탄수화물적 사랑』에서도 김미옥 시인은 여전히 기억에 대해 말하고 있다.

> 어릴 때 기억은 중국집 간판처럼 희미하지만
> 교문 앞 할머니가 팔던 병아리
> 죽기 살기로 울어대던 주둥이들은 잊히지 않아요
> ―「미스김 라일락」 부분

> 콧등의 주름을 최대한 모으며 말해요
>
> 그날을 기억해요?
> ―「서머스쿨」 부분

그 기억들은 대개 따뜻한 온기를 품고 있는데, 마치 인디언 서머와 같다. 인디언 서머란 북아메리카에서 서리가 내린 후, 혹은 늦가을에서 겨울로 넘어가기 직전에 한동안 계절에 안 맞는 따뜻한 날들이 계속되는 것을 말한다. 일반적으로 절망의 와중에 예기치 않게 다가오는 희망을 의미한다. 그러나 잠시 스쳐지나가는 따뜻한 날들이 우리를 견디게 해준 것일지라도, 그 따스한 기억 후에 맞이할 겨울은 더욱 춥기 마련이다. 따뜻한 날, 한낮의 중심에 있을 때는 그 온기가 영원할 것 같이 여겨지지만 따뜻한 날은 짧고 그 기억을 붙들고 살아야 할 세월은 길다.

그러나 시인은 서늘한 바람 속에서도 인디언 서머의 온기를 희미하게 기억한다. 사람의 온기만큼 따뜻한 것은 없으니, 이것은 또한 사람에 대한 기억이며 사랑에 대한 것이기도 하다.

>사람을 품을 때 얼마나 따뜻했는지
>그 진심은 또 어찌나 눈물겨웠는지
>먹고 사는 데 도움은 하나 안 됐지만
>생의 부레가 부풀어 올랐던 기억만으로도 후회 없다는 여자
>―「닭띠 여자」

시인에게 기억은 곧 노래와 같다. "먹고 사는 데 도움은 하나 안 됐지만" 사랑도, 사람도, 그리고 그것에 대한 기억도, 시가 되어 그녀에게 남는다. 물론 모든 시인에게 시는 늘 좌절을 맛보게 하는 존재다. 손에 잡힐 것만 같다가도 결국 놓쳐버린 의미들은 도처에 잔상으로 남는다. 그러나 손에 쥐었을 때의 그 가득한 느낌이 주었던 충만함은 그 잔상조차 빛나게 하는 힘이 있다. 사실 진심은 영원하지 않다. 어떤 진실도 시간과 장소, 상황을 넘어 원래의 모습을 유지하기는 어렵다.

그러나 '그때, 바로 그 곳'에서의 순간의 진심, 순간의 진실은 가능하다. 우리는 그것을 눈물겹게 기억하며 현재의 결핍과 상실을 채울 수 있다. 그러니 아무리 낡고 빛바래고 희미해지더라도 하이네의 시구처럼 "언젠가 사랑의 정기가 감돌면/ 옛 불꽃이 노래들을 새로이 살려"(하인리히 하이네, 「노래들」)낼 것이라고 믿는 것이다. 그래서 시인은 "생의 부레가 부풀어 올랐던 기억만으로도 후회 없다는 여자"의 말을 시로 옮긴다.

그러나 그럼에도 '끝'에 대한 슬픔을 떨칠 수는 없다. 비록 기억을 되살려 다시 살아 있는 것처럼 그 온기와 빛을 회복하게 한다 해도 진정으로 부활한 것은 아니기 때문이다. 그래서 시인의 시 속에는 끝이 다가오는 것들, 끝나버린 것들에 대한 두려움과 쓸쓸함이 반복해서 나타난다.

>사랑은 항상 **끝물** 타고 왔다
>망해가던 중국집 남자가 스무 살에 왔고
>술 상무로 간이 부은 남자는 서른 초반에 왔다
>…(중략)…
>하지만 **끝물**로 오던 사랑도 잠정 폐업
>―「닭띠여자」 부분

>이런 문자에 행복했던 시간도 **끝났습니다**
>―「후」 부분

딱따구리 마요네즈 송을 마지막으로 부르면 여름은 **끝나죠**
　—「서머스쿨」 부분

문장이 끝날 때마다 **마침표를 찍는 시절**이 왔다
한동안 유행할 것이며 나도 따라 할 것이다
　—「텍스트 기호」 부분

친절의 시대는 **끝나버렸고** 이젠 배타적인 지구에서 살아남는 일만 남았다며
　—「소년 H」 부분

번들거리는 입속으로 팝콘을 다 쓸어 넣고서야
이 활극이 웃기는 짬뽕으로 **끝날 걸 알게 되지**
몰입은 암막 속 **엔딩 크레디트와 함께 사라지고**
　—「엔딩크레디트가 올라갈 때」 부분

번듯한 악당 노릇 한번 못해보고
일생 어설프게 살다 어설프게 **소멸하는 거**
폐장된 쇼핑몰 만국기처럼 이름도
소득도 없이 펄럭이다 **끝나는 일**
　—「민지의 계획」 부분

그러나 하나의 '끝'이 모든 것의 파국은 아니다. 그녀의 시

에서 '끝'은 슬픈 일일 뿐 절망적이지는 않은 이유가 여기에 있다. 마치 꽃이 지더라도 다음 계절은 계속되듯, 끝은 늘 다른 시작과 이어져 있다. 그리고 그녀는 하나의 시절을 꽃잎처럼 가만히 말려서 기억의 갈피 속에 넣어둘 수 있다.

2

왜 이 시집의 제목이 『탄수화물적 사랑』일까? 시집을 펴든 나의 첫 번째 궁금증이었다. 표제시 「탄수화물적 사랑」을 가장 먼저 펴든 이유도 그 때문이었다. 탄수화물은 곡물에 많이 들어 있는 영양소이고, 매일 먹는 '밥'도 탄수화물이다. 한국 문화에서 밥은 매우 중요하고, 일상적인 우리의 인사말과 관용어에도 유독 '밥'과 관련된 말이 많다. 밥은 일상이고, 목숨이다. 이를 대입해서 말해보자면 탄수화물적 사랑이란, 일상에 편재해 있고 우리를 살게 하는 힘이다.

그러나 집집마다 밥상이 다른 것처럼 사람들의 사랑도 모두 그 층위가 다르다. 누군가는 밥이 모자라 굶주리고, 누군가는 그릇 안에 가득한 밥을 일부러 남긴다. 누군가에는 사랑이 절실하지만 누군가에게는 부담이 된다. 껍데기뿐인 사랑이 있는 공허한 삶이 잃어버린 사랑을 아름답게 기억하는 누군가의 삶보다 충만하다고는 할 수 없다.

단맛이 있어 기분을 좋게 만드는 탄수화물의 구성단위는 당糖인데, 탄수화물을 많이 먹다보면 끊임없이 달콤함을 찾게

하는 '탄수화물 중독'에 걸릴 위험이 있다. 많은 질병의 원인이 되는 탄수화물 중독이 깊어질수록 몸은 더 많은 탄수화물을 원하게 된다.

> 사랑할 땐 세상은 적과 동지로 갈린다
> 먹이려는 자와 밥을 피해 달아나려는 자
> 나는 투사가 되어 조용히 밥을 날랐지
> ─「탄수화물적 사랑」부분

사랑은 사람에게 꼭 필요하며 행복감을 주는 것이지만 너무 과할 경우에도, 너무 모자랄 경우에도 사람에게 해가 된다. 마치 탄수화물처럼. 그래서 "먹이려는 자와 밥을 피해 달아나려는 자"는 모두 힘들고, "투사가 되어 조용히 밥을 날랐"던 시적화자는 "단단했던 믿음이 사라지던 날"을 맞이해서 "슬픔보다 먼저 오는 허기"를 느끼게 된다.

빨리 허기지고 그 허기를 채우려 폭식하게 되는 것이 탄수화물 중독의 증상이다. 이것은 사랑의 단맛에 중독되는 것과 비슷하다. 없으면 쉽게 결핍을 느끼고 그것을 채우기 위해 사랑을 갈구하지만, 아무리 노력해도 헛헛함은 채워지지 않고 병은 깊어진다. 한번 나은 후에도 전혀 면역이 생기지 않고, 한번 걸린 후에도 쉽게 잊고 다시 걸리곤 하는 그런 것. 우리는 이것 때문에 끝없이 허기에 시달린다. 그런데도 미련을 버릴 수 없다. 사랑이 끝나고도 우리는 다시 사랑을 하고, 사람에 실망하고도 다시 사람을 믿는다.

"어제는 타인이었는데 오늘은 불쑥/ 임연수 가시를 발라주는 당신/ 훅훅 올라오는 밥 냄새 빠르게 도는 침샘/ 연대의 시작이라 말해도 될까"라는 「탄수화물적 사랑」의 구절처럼.

어떤 밥상이든 간에 일단 한 끼를 채우면 다음 끼니까지는 버틸 수 있는 것처럼, 관계의 내용이 어떻든, 일단 사람과 사람의 연대가 시작되면 우리는 이 신산한 삶의 쓸쓸함을 어떻게든 견딜 수 있게 된다. 이것은 우리에게 축복이자 큰 짐이다. 일상의 무게가 전부 옮겨온 것 같은 밥숟가락이 늘 무겁듯, 사랑을 추구하는 우리의 마음은 늘 욕구의 중량에 짓눌려 있다.

> 나는 대체로 무사합니다
> 불행은 고작 나팔꽃처럼 자라
> 꼼짝달싹 못 하게 혀를 묶어버렸습니다
> 입술이여 산세베리아처럼 날카로워져라
> 이런 주문은 더 이상 유효하지 않습니다
> …(중략)…
> 나는 무사하지 않습니다
> …(중략)…
> 이런 게 사랑이 아니라면 미친 거겠지요
> 복숭아뼈에 날개가 돋아 날아갈지 모르고
> 곧추서서 환하게 웃는 사람을 바라만 봤으니

이런 죄를 당신의 행성에선 뭐라 부른답니까?

— 「후」 부분

"밥은 먹고 다니니?"라는 질문은 그 사람의 '안녕함'을 확인하기 위한 것이다. '무사함'과 '무사하지 않음'의 사이는 생각보다 그리 멀지 않아서 마치 밥 한 끼를 거른 것처럼 아주 사소한 일로도, 단 한 순간만으로도 경계를 넘어설 수 있게 된다. "불행은 고작 나팔꽃처럼 자라"는 것인데도 "꼼짝달싹 못하게 혀를 묶어버"릴 수 있다. 사람이 이렇게 불행 앞에 취약하고 위태로울 때, 어떤 주문도 "더 이상 유효하지 않"게 된다. 너무 쉽게 불행에 제압당했다는 사실은 죄책감을 수반한다.

"복숭아뼈에 날개가 돋아 날아갈지 모르고/ 곤추서서 환하게 웃는 사람을 바라만 봤"던 어리석음을 시적화자는 '죄'라고 부른다. 그러나 『법구경』의 한 구절처럼, 어리석은 사람이 자신의 어리석음을 깨닫는다면 그것이 지혜일 수 있다.

사랑의 본질은 무지에 있다. 한병철은 『에로스의 종말』(문학과지성사, 2015)에서 사랑은 본질적으로 나와는 전혀 다른 무지의 영역에 속해 있는 타자에 대한 전무후무한 경험이라고 정의했다. "이런 게 사랑이 아니라면 미친 거겠지요"라는 시적화자의 말에는 확신이 있다. '무사하지 않은' 상태가 되어 만신창이가 된 후에야 얻을 수 있는 침묵 속의 확신이다. 어떤 사람은 이렇게 불행에 기꺼이 포박되기를 택함으로써 사랑 속에서 자유를 얻는다.

3

 시인은 버려진 시간 어딘가에서 기억을 불러와 고증考證하려 한다. 모든 후술된 기억이 그렇듯 그 고증의 과정은 완벽하지 않고 기억과 진실의 경계는 모호하다.
 기억 속의 여자는 이제 아무 데도 없지만 그녀의 파편은 현실 속에 여기저기 흩어져 있다. 마치 부서진 거울 조각처럼 흩어져 박혀 사라진 자기의 얼굴로 시를 읽는 당신의 얼굴을 비춘다. 기억을 시로 옮긴다는 것은 훼손된 옛 예술품을 복원하는 과정과 닮았다.
 사랑이 과거형이 된 이후에도 시인은 사랑을 기억하고, 시인은 겨울 다음 계절을 기다리는 씨앗들처럼 기억을 언 땅에 깊이 묻는다.
 이 시집에서 꽃은 자주 등장하는데 주로 과거형으로 쓰이거나, 부정적인 의미를 가진다. 사라졌거나, 시들었거나 "데이지꽃을 사랑했단 말은 유효합니까"(「방아쇠 수지 증후군」)에서처럼 지나간 시간 속에 놓여 있다. 꽃은 "고압선 지나는 송신소 들판에 들꽃 하나 피지 않았다"(빌려 진 6번 트랙)고 묘사되듯 현실에는 대개 없는 것이다. 그나마 현실 속에 드물게 존재하는 꽃도 "꽃이나 풀이 암모니아에 취하는 건 당연한데"(「골목 성분」)라는 구절처럼 현실의 악취에 물들어 있다.
 "삼월에 죽은 엄마가/ 꽃 보자기를 둘러쓰고 서둘러 밥상을 차린다"(「자각몽1」)고 쓴 것처럼 이미 상실된 존재와 함께 나타나기도 하고 "안개 꽃다발로 얻어맞은 가슴"(방아쇠 수지 증후군)이라는 표현처럼 이미 나를 지나가버린 고통이기도 하다.

또는 현실에 존재하는 것이 더러 있더라도 숨겨져 있거나 멀리 있거나 해서 실제로 잊고 지내게 된다. "비밀금고에 넣어두고 까먹었던/ 노란 왕관을 쓰고 집중하는 마리골드"(「마리골드」) "파도 바깥에는 역병과 벚꽃이 동시에 창궐했다"(「론리나이트」)라는 구절에서처럼 오래 망각에 묻혀 있다가 오랜만에 꺼내더라도 결국 현실에서는 소용없게 되어버린 경우도 많다.

"사람들은 문이 고장 난 봉고차 타고 꽃 보러 화륵간다/ 겨울잠 자던 뱀의 뒤통수에도 햇빛 쏟아지는/ 화륵은 모든 문이 저절로 열리는 곳/ …(중략)…/ 꽃들은 스스럼없이 자신을 게워내는데/ 나는 겨울 지층보다 쓸쓸한 숙취를 게워낸다/ 꽃들이 화르륵 피는데 / 붉은 눈시울보다 뜨거운 여운을 아직 본 적 없다"(「화륵」) 현실과의 괴리가 있기 때문에 꽃이 가득 피어 있는 곳은 이상공간처럼 그려진다. 「화륵」이 보여주는 공간은 "모든 문이 저절로 열리는 곳"이기 때문에 "문이 고장 난 봉고차 타고" 사람들은 꽃을 보러 화륵에 간다. 그러나 화륵에 도착하고 나서도 여전히 꽃은 '저 멀리' 있다. "꽃들은 스스럼없이 자신을 게워내는데/ 나는 겨울 지층보다 쓸쓸한 숙취를 게워낸다"는 말에 드러나는 좁힐 수 없는 간격 때문이다.

그러나 꽃은 한 시절의 증명이며, 기억이기도 하다. 그래서 「패션 사이클」의 화자는 "백일홍 꽃대로 만든 칼로 소매에 이름을 새겨 줄 테니 절대 잊지 마"라고 말한다. 그렇게 꽃은 시들고 사라졌지만 꽃의 시절은 기억된다.

땅거미가 눈꺼풀 위에 무겁게 내린다
담장을 타던 작은 꽃잎이 일제히 오므라든다

미열 있는 이마를 담벼락에 대고
가늘지만 단단하게 올라가는 줄기에 혀를 대본다
잔털이 날카롭게 박힌다
겨드랑께 축축한 아마씨 냄새
오한에 땀구멍이 좁아진다

주머니에 녹아 있던 감기약을 버리고
닫힌 유리창에 귀 대어 본다
자그락거리며 돌멩이 하나
수신자 없는 달팽이관으로 굴러떨어지자
일제히 나팔꽃 손나발을 분다

유빙을 단단한 징검다리로 생각한 적 있지
손 놓지 마 나도 놓지 않을게
얼음이 녹기 전 발 구르기 하자
저녁이면 귀 닫는 나팔꽃
우린 아무도 약속을 지키지 못했지

몸 되면 마음 안 되고

마음 되면 몸 안 되는

어쩔 수 없는 종족

—「나팔꽃」 전문

    그러나 꽃이 진 후에도 씨앗을 남겨 언 땅에 잠들어 다음 봄을 기다리는 것처럼 하나의 소멸은 또 다른 가능성을 품고 있다. 어둠이 내리면 오므라들었다 새벽에 다시 피어나는 나팔꽃이 시인의 시에서 "목 밑까지 단추를 잠근 나팔꽃"(검은 모눈종이의 시집), "불행은 고작 나팔꽃처럼 자라"(「후」)에서처럼 반복해서 나타나는 것도 그 때문이다.

    위 시「나팔꽃」에서 땅거미가 내리면 오므라들고, "저녁이면 귀 닫는 나팔꽃"은 "몸 되면 마음 안 되고/ 마음 되면 몸 안 되는/ 어쩔 수 없는 종족"인, 현실 속에 무력한 인간을 상징하지만, 그래도 인간에게 꿈이 남아 있는 것처럼 나팔꽃에게는 다음 날의 새벽이 기다리고 있다.

    "아무것도 아닌 것은 본대로 뜨거워져라/ 아무것도 아닌 것은 쓴 대로 이루어져라"(「마리골드」)는 주문을 읊으며 시인은 "근심이 자라는 정원"(「능화리」)의 정원사로 묵묵히 일한다.

    "오직 너의 두 손 만이/ 섞이기 싫어하는 후박과 자작을 뒤로 물리고/ 아껴둔 자두나무를 심어 흙을 다진다/ 마침 공중을 맴돌던 산비둘기 일제히 내려앉는다/ 순간에 매혹된 것은 순간에 사라지고/ 이른 잠에서 깨어나 마지막 입맞춤할 때/ 시를 읽던 입꼬리가 제일 먼저 올라간다"(「능화리」)는 구절이 보여주는 것은 비록 황폐한 정원이지만 "아껴둔 자두나무를 심어 흙을 다진다"는 "너의 두 손"에 대한 믿음이 남아 있음을 알 수 있다. "순간에 매혹된 것은 순간에 사라지고/ 이른 잠에서 깨어나 마지막 입맞춤"하고 떠날지라도 "시를 읽던 입꼬리"가 올라갈 수 있는 것은 그래도 이 정원에서 뭔가가 자라날 수 있다는 희망 때문이다. 이것은 시를 쓰는 마음이라고도 할 수 있다.

"자서전 마지막 장은 이러할 것이다/ 살아냈으니 이긴 것이다/ 아직 몇 개의 터지지 않은 알주머니가 남았다// 가자, 치타"(「일요일의 제인」)라고 말할 수 있다면 삶은 계속되는 것이다. "인간은/ '예'라고 말하면서 '아니오'를 떠올린다는 사실"(「텍스트 기호」)은 현실의 어둠을 부정하는 습성이며 "우리는 걷잡을 수 없이 섞여 사라질" 것임을 알지만(「시간을 타는 구름」) 그 '시간을 타는 구름'에 눈길을 빼앗기는 것은 현실 너머를 향한 지향 때문이다.

김미옥의 시는 과거를 복원하여 그 기억의 온도로 차가운 현실에 핏기가 돌게 하고, 어둠에 작은 균열을 내어 '이후'의 빛이 흘러들게 한다. 그렇게 흘러드는 빛과 온기를 시의 예감이라고 부르자. 그것은 느리게 흘러들어 작은 촛불처럼 어둠을 밝힌다. 그러나 아무리 작은 불꽃이라도 다가서면 밝다. 김미옥의 시는 조금이라도 더 다가서서 손바닥을 가까이 뻗고 싶은 언어들이다. "느림을 지켜봐주는 이"(「시인의 말」)가 되어 그녀의 다음 시집을 기다려봐야겠다.

| 김미옥 |

인천에서 출생했다. 성신여자대학교 전통문화콘텐츠학과를 졸업했다. 2010년 『시문학』으로 등단하였으며, 시집으로 『북쪽 강에서의 이별』이 있다. 2021년 인천문화재단 예술표현활동지원금을 수혜했다.

이메일 : dbmilk@hanmail.net

탄수화물적 사랑 ⓒ 김미옥
―――――――――――――
초판 인쇄 · 2021년 11월 5일
초판 발행 · 2021년 11월 10일

지은이 · 김미옥
펴낸이 · 이선희
펴낸곳 · 한국문연

서울 서대문구 증가로 31길 39, 202호
출판등록 1988년 3월 3일 제3-188호
대표전화 302-2717 | 팩스 · 6442-6053
디지털 현대시 www.koreapoem.co.kr
이메일 koreapoem@hanmail.net

ISBN 978-89-6104-303-8 03810

값 10,000원

* 본 책은 인천문화재단 2021 예술표현활동 지원사업에 선정되어 발간합니다.

* 잘못된 책은 바꾸어 드립니다.